RÉPONSE

A

M. E. DE LA QUÉRIÈRE

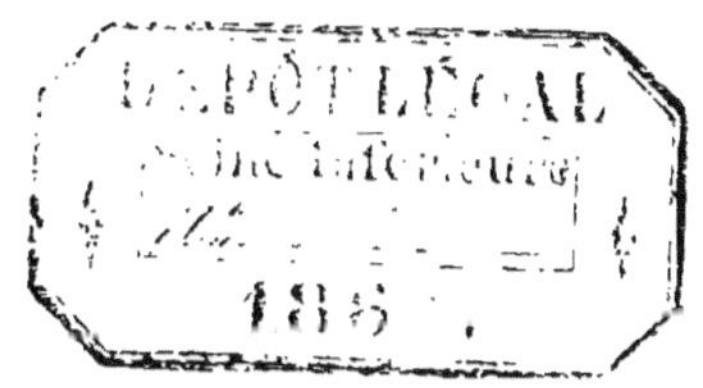

AU SUJET DE

M. L'ABBÉ D'ANFERNET DE BURÉS,

Mort pour la foi. à Rouen, le 7 Septembre 1794.

ROUEN

IMPRIMERIE DE E. CAGNIARD

Rues de l'Impératrice, 88, et des Basnage, 5.

—

1866.

IMPRIMERIE E. CAGNIARD
EC
ROUEN.

RÉPONSE

A M. E. DE LA QUÉRIÈRE

AU SUJET DE M. L'ABBÉ D'ANFERNET DE BURES,

Mort pour la Foi, à Rouen, le 7 septembre 1794.

L'honorable M. de la Quérière vient dans un écrit récent de défigurer étrangement la vie et la mort de M. l'abbé d'Anfernet que j'ai racontées à l'aide des documents juridiques les plus authentiques. Je néglige ce que ses attaques peuvent avoir de personnel ; je suis inconnu à M. de la Quérière, ses appréciations ne sauraient me blesser. Mais je dois à la vérité, à la réputation d'un martyr, à la défense des prêtres catholiques qui ont préféré, comme l'abbé d'Anfernet, la mort à l'apostasie, de répondre aux insinuations regrettables de cette brochure J'aurais **préféré**, je l'avoue, un autre contradicteur. La longue vie d'étude et d'honneur de M. de la Quérière, ses travaux importants d'érudition, l'auréole de ses cheveux blancs, tout me fait trouver très pénible la tâche qui m'est imposée. Je la remplirai cependant parce qu'elle est pour moi un devoir sacré, et que j'ai ce devoir en assez haute estime pour vaincre mes appréhensions et mes répugnances particulières.

I.

Avant d'entrer dans la discussion, je ne puis ne pas signaler d'abord la manière dédaigneuse et parfois

blessante dont M. de la Quérière traite un prêtre irré-
prochable, mort victime des fureurs révolutionnaires.
Le cœur m'a saigné en lisant son récit. J'ai eu si
longtemps entre les mains les pièces les plus tou-
chantes sur ce vénérable prêtre et sur sa digne famille,
que je m'étais accoutumé à entourer son nom d'un religieux respect. Le voir tout à coup ravalé au niveau
des accusés vulgaires et produit en public sous des
couleurs aussi fausses, a été pour moi un coup pénible
autant qu'imprévu. Il me semblait au moins que l e
genre de mort et l'époque où fut immolé M. d'Anfernet, devaient le protéger contre les entreprises des
adversaires, à plus forte raison contre leur mépris.
M. de la Quérière ne l'a pas jugé ainsi.

M. l'abbé d'Anfernet est présenté par lui comme
« un homme exalté, et, de plus, *audacieusement re-
belle aux lois de son pays* (1). » Il lui refuse toute
appellation polie. Sous sa plume c'est d'Anfernet, le
malheureux, cet infortuné; il lui conteste la conscience même de ses actes et il parle de sa raison mal
réglée, (2) comme l'ayant conduit à sa perte. Plus
loin il revient sur cette même pensée, il le montre
comme un illuminé (3) « un homme qui follement (4)
et comme de gaîté de cœur, s'était précipité à sa
perte pour défendre des priviléges de caste et des intérêts de parti. »

Vainement nous avons cherché une formule hon-
nête en regard de son nom. Le mot de Monsieur n'est
pas une seule fois prononcé, c'est obstinément « d'An-

(1) Page 5.
(2) Page 28.
(3) Page 26.
(4) Page 23.

fernet, » comme on dirait d'un voleur ou d'un assassin.
Il le donne comme « un agent secret du parti de la
contre-révolution, agent obscur, mais fort actif, »
supposition aussi fausse que gratuite. M. de la Quérière étaye son accusation de la lettre de M. l'abbé
d'Anfernet où il parle « de quelques autres qui faisaient le même métier que lui. » Sur ces paroles,
notre contradicteur conclu que M. d'Anfernet était
chargé d'une mission politique. Or, les hommes dont
parle M. d'Anfernet étaient des prêtres qui exer-
çaient comme lui les fonctions sacerdotales au mépris
de leur vie. Peut-être se trouvait-il parmi eux celui
dont parle M. de la Quérière et qui prêta à son honorable famille le secours de son ministère. Nous avons
nous même trouvé dans les archives de la fabrique de
Pavilly, une liasse d'actes faits par ces dignes ecclésiastiques qui remplissaient pour le bien des âmes,
l'apostolat clandestin organisé par le cardinal de la
Rochefoucauld, apostolat tout religieux, et que rien
n'autorise notre contradicteur à qualifier de politique.
Ces actes existent encore chez M. le doyen de Pavilly, on peut se les faire représenter aisément. En
1793 et 1794, nous avons collationné une longue sé-
rie d'actes *écrits et signés par l'abbé d'Anfernet*,
en 1795, par M. Racine, M. Carré, M. Noël-Jean
Motte, M. Jean-Baptiste Pottier, M. Foloppe, M. Fou-
quet, qui rayonnaient dans le district de Rouen, et
dont on trouve les traces spécialement à Pôville,
Bouville, Limésy et Barentin.

Ces actes sont au nombre de cent soixante-qua-
torze pour la seule commune de Pavilly, pendant
l'époque révolutionnaire, et M. d'Anfernet en a fait

quarante-quatre en quelques mois. Voilà des faits, monsieur, au près desquels s'évanouissent vos suppositions.

Comprendra-t-on maintenant que M. de la Quérière puisse dire que « sa conduite fut blâmée par des ecclésiastiques d'imprudence inconcevable, de fanatisme outré. » Si de tels ecclésiastiques se sont rencontrés, il faut les plaindre. Comment, un prêtre se dévoue pour porter les consolations de son ministère au péril de ses jours, et ce sera un fanatique outré ! et l'on mettra cet odieux propos dans la bouche d'autres prêtres ! Que direz-vous alors des apôtres, des missionnaires, des martyrs de tous les temps et de tous les lieux ! En vérité, c'est ici qu'il faut dire « qu'à de pareils arguments, il n'y a pas de réponse possible. » Dans l'exercice de son ministère clandestin, M. d'Anfernet n'a fait aucun acte d'imprudence ni de fanatisme.

« Il partit de Roumare, disions-nous dans notre écrit, n'emportant avec lui, selon le conseil du divin Maître, ni or ni argent, ni vivre ni habits. Il ne songea qu'à se munir d'un calice (1), afin de célébrer les saints Mystères partout où il le pourrait. Il s'en alla seul, la nuit, ce bon prêtre, jetant un dernier regard et donnant une dernière bénédiction à la paisible retraite où s'étaient si longtemps abrités ses jours. Il commença cette vie errante qui devait durer dix-huit mois et aboutir à l'échafaud. Il parcourut tout le pays de Caux, de Maromme à Barentin, de Barentin à Caudebec, de Caudebec à Yvetot, à Valliquerville, à Bellefosse, à Fresquenne, portant dans plus de soi-

(1) V. les pièces justific. de ma broch. sur M. l'abbé d'Anfernet.

xante communes les consolations et les secours de son apostolat. Il eut soin d'abord de déguiser son nom et voyagea sous le pseudonyme de Pierre Turpin; il acheta quelques échantillons de fil et se donna comme marchand ambulant. A l'aide de cet innocent stratagème, il se présentait dans les maisons s'asseyait au foyer domestique, se faisait connaître lorsque les familles étaient demeurées fidèles à la foi, et y exerçait son ministère bienfaisant. Dans une chambre retirée, on dressait à la hâte une table qui devenait un autel, on assemblait discrètement les personnes pieuses du voisinage, et là, comme aux Catacombes, les chrétiens persécutés avaient la consolation de célébrer ensemble les saints Mystères ; le bon prêtre , après la messe , adressait quelques paroles d'encouragement, affermissait la foi, entretenait l'espérance, répétait les promesses infaillibles du Maître, saluait par avance le triomphe de l'Eglise, et priait pour ses persécuteurs. Oui, ces prêtres poursuivis, traqués, voués à la mort, avaient en ce temps de persécution une invincible confiance ; comme au siècle de Néron, ils souriaient à l'avenir , et affirmaient la victoire du Christianisme. On l'oublie trop aujourd'hui; cela s'est passé il n'y a pas quatre-vingts ans, et nos grands pères peuvent s'en souvenir. Après la messe aussi, l'abbé baptisait, confessait, mariait ceux qu'on avait eu le temps ou la facilité d'avertir. Voilà la vie que mena pendant cinq cent quarante jours notre confesseur. A la nuit tombante, il se remettait en route pour ne pas être inquiété. Comme le Sauveur, il n'avait pas une pierre où reposer la tête. Il couchait (1) tantôt dans des granges, tantôt

(1) Pièces justificatives. — Réponses au directeur du jury.

dans les écuries, tantôt même dans les bois. Lui, le noble fils des croisés, le descendant d'une illustre et opulente famille, devenu par amour pour le Christ et par fidélité à son sacerdoce, comme le dernier des vagabonds, implorait parfois le pain de la charité, disputait aux bêtes fauves une place dans la forêt, et ne songeait, malgré l'ingratitude et l'injustice des hommes, qu'à faire le bien, à pardonner, à consoler et à bénir. Il apparaissait dans les familles, le sourire sur les lèvres, des paroles de paix à la bouche, comme un rayon d'espérance, et lorsqu'il avait terminé sa mission dans un village, il s'avançait vers un autre, ne se donnant nul relâche, car la moisson était abondante, et rares les ouvriers, s'exposant chaque jour et à chaque heure du jour à la mort la plus ignominieuse. »

Lorsqu'il fut arrêté à Maromme, il voyageait de nuit, sous un déguisement et sous un pseudonyme, avec un passeport. Pouvait-on plus de précautions? Il poussa jusqu'au bout les règles de la prudence, il demanda grâce au chef du poste, et ne fit acte ni de rebellion ni de fanatisme.

Il est d'ailleurs une réponse de M. d'Anfernet à l'accusateur public qui renverse par la base l'argumentation de M. de la Quérière et qu'il importe de rappeler, parce qu'elle est la véritable expression des sentiments qui animaient alors les prêtres catholiques.

L'accusateur public. — As-tu accepté la Constitution républicaine?

L'abbé d'Anfernet. — Comme je n'étais pas citoyen actif, je ne pouvais être admis aux assemblées primaires. D'ailleurs, je ne me suis jamais mêlé de gouvernement, et *la religion dont je fais profession me fait une loi impérieuse de me soumettre aux lois de ma patrie, quand elles ne seraient pas de mon goût.*

Les prêtres cachés en Normandie pour y pourvoir à l'administration des sacrements étaient les plus inoffensifs et les plus paisibles des citoyens. En dehors de leurs fonctions religieuses, ils ne s'occupaient ni de politique ni de contrerévolution ; ils avaient assez à faire pour échapper aux poursuites qui les menaçaient, sans songer à s'immiscer dans les affaires publiques. A Rouen ceux qui dirigeaient l'apostolat catholique étaient deux hommes entourés de la vénération universelle : M. l'abbé Isaac Papillaut, qui avait mérité dès sa jeunesse le surnom de Père des petits savoyards, et M. l'abbé Malleux, la modération et la bonté mêmes. Ces dignes prêtres ne donnaient aux ecclésiastiques placés sous leurs ordres d'autres instructions que celles qui concernaient leur ministère religieux.

Les agents de la Terreur ne s'y trompèrent pas. L'abbé d'Anfernet fut arrêté comme prêtre, jugé comme prêtre, et mis à mort comme prêtre. A Maromme on se saisit de lui parce qu'il est reconnu comme prêtre ; l'agent national Levillain l'envoie en cette qualité à la prison de Saint-Lô, le mandat d'arrêt décerné à Rouen contre lui ne porte que cette accusation : « Mandons « et ordonnons de conduire à la maison de justice « de Rouen le nommé Michel-Georges-François « d'Anfernet, prêtre réfractaire, prévenu d'être resté « sur le territoire de la République sans avoir presté « les serments requis par la loy. »

Au début du procès, il n'est question que de sa qualité de prêtre, et on n'y fait nullement mention des « intérêts de caste et de parti » dont parle M. de la « Quérière.

Plus tard on joignit à l'accusation de prêtre réfractaire, celle concernant la noblesse de son origine. Mais on sait que l'abbé d'Anfernet était pauvre, qu'il remplissait d'humbles fonctions et qu'il n'avait nul intérêt à revendiquer des priviléges chimériques pour lui. D'ailleurs pas de preuves à cet égard. C'est la seule lettre à Mme de Vaignon, lettre de politesse et de reconnaissance, qui forme le corps de ce nouveau délit.

Durant le cours de ses interrogatoires, l'abbé d'Anfernet n'insiste que sur sa qualité et ses fonctions sacerdotales, et sait trouver de nobles réponses.

« Sur cette expression cy-devant prêtre, il nous a observé que n'ayant point remis ses lettres de prêtrise, et n'ayant point presté aucun des serments exigés par les décrets, il se croit encore prêtre. »

M. Fallue (1) met dans la bouche de M. d'Anfernet la même parole quoique dans une autre circonstance. Il aurait répondu au père Vigor, ex-gardien des Capucins alors employé au greffe criminel, qui l'appelait ci-devant prêtre : « C'est vous qui êtes un ci-devant prêtre ; moi je meurs, parce que je tiens à honneur de l'être encore, et d'avoir conservé ma foi. »

A l'accusateur public, il répond une fois encore : « Je n'ai jamais eu d'autre profession que celle de prêtre ; je compte l'être encore, et je crois ne pouvoir cesser de l'être. »

Dans son rapport au tribunal, Olivier Leclerc rap-

(1) Histoire de l'Eglise métropolitaine. T. IV. p. 2.

pelle uniquement que « l'abbé d'Anfernet a été trouvé
muni d'un calice et de la patène en argent, d'un petit
registre et de quelques notes qui prouvaient avec évi-
dence qu'il n'avait parcouru le pays de Caux que pour
y répandre ses opinions et son culte superstitieux et
fanatique, qu'il n'avait prêté aucun des serments que
nos lois exigent des ecclésiastiques. »

C'est donc comme prêtre qu'il a été jugé et con-
damné.

N'ayant aucune preuve matérielle pour asseoir
son affirmation, M. de la Quérière fait appel
à ses souvenirs et il dit : « que la tradition restée ici
est que l'accusé se troubla, s'exalta, répondit de façon
à se perdre et que les juges furent *désolés* de lui appliquer la loi dans toute sa rigueur. »

C'est fort simple à dire, mais impossible à prouver.

D'abord M. de la Quérière, quelque confiance que
j'aie dans l'exactitude de ses souvenirs, me permettra
d'observer qu'à dix ans on est peu propre à se faire
une opinion sur des événements de ce genre ; et quant
à la tradition, notre honorable contradicteur a pris
soin lui-même de nous avertir « QUE JAMAIS (1),
depuis la mort de M. l'abbé d'Anfernet, il n'a en-
tendu prononcer une seule fois son nom, pas même
sous la Restauration. » Siingulière tradition !

Je pourrais vraiment m'arrêter ici, toute autre
discussion paraissant superflue.

Mais je tiens à répondre complètement. M. de la
Quérière parle de traditions et de souvenirs. Croit-il
que j'ai composé la vie de M. d'Anfernet sans con-
sulter les traditions et les souvenirs ? J'avais à ma

(1) Page 23.

portée tous les renseignements désirables, les traditions, celles-ci vivantes et réelles de la famille encore nombreuse de l'abbé d'Anfernet ; ses lettres, les lettres des siens, les relations dernières de sa mort. J'ai copié scrupuleusement toutes les pièces que j'ai pu trouver aux archives criminelles, municipales, et départementales qui le concernaient ; j'ai eu à ma disposition plusieurs journaux *manuscrits de l'époque*, entr'autres celui très complet et très intéressant d'un savant, aimable et généreux confrère de M. de la Quérière, où M. d'Anfernet est présenté, non comme un fanatique, mais comme un martyr ; les mémoires manuscrits de M. Baston, des fragments de manuscrits d'autres prêtres déportés ; cet assemblage de renseignements contemporains, forme pour moi la vraie tradition d'accord ici avec les faits et les pièces juridiques.

II.

J'aborde maintenant un point historique que l'honorable M. de la Quérière paraît avoir mal compris, je veux dire le serment à la constitution civile du clergé. Je serai aussi court que possible.

L'Assemblée constituante, après avoir adjugé à la nation, par la loi du 4 novembre 1789, tous les biens ecclésiastiques, et supprimé dans le royaume tous les ordres religieux par la loi du 19 mai 1790, décréta, le 24 août de la même année, la constitution civile du clergé de France. Cette loi, dans son titre Ier, en vertu de la seule autorité civile, et sans la participation de l'autorité ecclésiastique compétente, supprimait les anciennes circonscriptions des diocèses, d'antiques métropoles, plusieurs siéges épiscopaux, en divisait d'autres et en erigeait de nouveaux. Elle rayait d'un mot les chapitres et tous titres et offices ecclésiastiques autres que ceux qu'elle daignait conserver. Elle défendait de reconnaître en aucun cas, et sous quelque prétexte que ce fut, l'autorité d'un évèque, ordinaire ou métropolitain, dont le siége serait établi sous la domination d'une puissance étrangère, ni celle de ses délégués résidant en France ou ailleurs ; le tout sans préjudice de l'unité de foi et de la communion qui sera entretenue avec le chef visible de l'Église universelle. Sauf cette restriction, qui ne signifiait rien en réalité, toute action de la papauté devenait impossible dans l'Église de France, et le schisme inévitable.

Dans son titre II, elle établissait, au mépris des canons en vigueur, des concordats, des décrets des conciles et des papes, qu'à compter du jour de sa publication, on ne connaîtrait qu'une seule manière de pourvoir aux évêchés et aux cures, la forme des élections. Toutes les élections devaient se faire par la voie du scrutin et à la pluralité des suffrages. Elle anéantissait la discipline ecclésiastique et commençait le schisme en statuant (art. 19) que le nouvel évêque ne pourrait s'adresser au pape pour en obtenir aucune confirmation... Je néglige les autres points, tous également en désaccord avec les lois et la pratique de l'Église.

A côté de cette constitution civile du clergé, il y avait deux autres points dans l'ensemble des lois nouvelles que la conscience catholique ne pouvait accepter : la proscription absolue des vœux religieux et le projet de divorce.

Pour quiconque a une connaissance, même superficielle, des matières théologiques, il est de foi que toute autorité dans les pasteurs de Jésus-Christ vient de Jésus-Christ par son église seulement, et que les décrets de la puissance civile sur la juridiction ecclésiastique ne peuvent jamais conférer ni resserrer les pouvoirs spirituels reçus dans l'ordination et la mission canonique. Il est de foi que le droit de confesser et d'absoudre, ainsi que les autres pouvoirs de juridiction, deviennent nuls et de nul effet lorsqu'ils sont exercés sans une juridiction reçue de l'évêque ou du pape. Donc l'Assemblée constituante, en substituant l'élection à la mission canonique, allait envoyer dans les diocèses des pasteurs sans pouvoirs et sans juridiction. Les actes que devaient faire ces pasteurs étaient frappés par avance de nullité ; eux-mêmes devenaient de véritables intrus, dont le ministère ne pouvait radicalement avoir sur les âmes aucun effet. Donc les prêtres qui juraient de maintenir *de tout leur pouvoir* de tels articles faisant partie de la Constitution décrétée par l'Assemblée nationale, faisaient un serment coupable et schismatique.

L'Église catholique enseigne que le pape, comme successeur de Pierre, a de droit divin la primauté d'honneur et *de juridiction* dans toute l'Église ; qu'il est le centre de toute l'unité catholique ; qu'en raison de sa primauté, il a le pouvoir de promulguer des décrets et de faire des lois, en matière ecclésiastique, qui obligent tous les fidèles ; qu'en vertu de son éminente puissance, il peut appeler à lui les causes de foi et de discipline générale et recevoir les appels de quelque juridiction ecclésiastique que ce soit ; que seul il peut de droit divin instituer les évêques dans tout l'univers. Voilà ce que la constitution civile , dans ses articles relatifs au saint-siége et aux rapports des évêques avec lui, renversait de fond en comble. Un prêtre qui jurait de maintenir de tels articles devenait par le fait même schismatique. Il n'y a pas lieu à discuter, au point de vue de la religion et de la théologie, sur ces principes primordiaux.

Aussi les évêques furent-ils tous unanimes à repousser la constitution civile. M. de la Quérière attribue « à l'orgueil et à l'obstination des anciens privilégiés le schisme qui sépara pendant dix années l'Église de France en deux camps (1). » Autant d'inexactitudes que de mots. L'Église de France ne fût pas séparée en deux camps. Il n'y eut qu'un camp. Sur cent trente-huit évêques, cent trente-quatre refusèrent d'adhérer au schisme. Les évêques seuls ayant en matière doctrinale l'autorité compétente, le schisme était jugé. Les quatre qui prévariquèrent, auxquels il faut joindre un étranger, Gobel, évêque de Lyda, député à l'Assemblée, n'ont aucune valeur en la matière. Il n'y a rien à dire de plus sur ces personnages bien connus.

Les « anciens privilégiés, » comme la brochure dit, firent tout pour éviter le schisme. Dans une lettre, demeurée célèbre, au souverain Pontife, les évêques de France offrirent leur démission et s'exprimèrent ainsi : « Si c'est pour nous que cette tempéte s'est élevée, que nous en soyons les seùles victimes ; què d'autres prennent le gouvernement de nos églises , et

(1) Page 7.

qu'elles soient sauvées; que d'autres viennent prendre le dépôt de la foi, mais qu'ils le conservent tout entier, tel que nous sommes prêts à le leur remettre (1). » M. de la Quérière ne connaissait sans doute pas cette page de l'histoire de l'Église de France, autrement il eût retiré sa regrettable accusation,

Le souverain Pontife ne tarda pas, quoiqu'en dise mon honorable contradicteur, à faire connaître sa pensée. Il essaya de persuader d'abord Louis XVI et ses conseillers par la douceur, comme c'est l'ordinaire coutume des pontifes romains. Quand il vit que ses remontrances secrètes demeuraient sans effet, il fit une condamnation publique et solennelle de la Constitution civile, par deux brefs adressés aux évêques de France, l'un le 10 mai, l'autre le 13 avril. Dans le second de ces brefs, il déclarait interdits et suspens de toutes fonctions ecclésiastiques ceux qui adhéraient à la Constitution. Je le demande, un bon prêtre pouvait-il sérieusement prêter le serment s'il voulait rester tel?

Aussi les prêtres dignes de ce nom dont la bonne foi avait été surprise, et qui avaient cru pouvoir prêter le serment, s'empressèrent-ils de le rétracter. A Rouen, M. Pottier, supérieur du séminaire Saint-Vivien, dont l'exemple avait été d'une grande influence sur quelques-uns de ses confrères, après avoir, dans le premier moment, cru ce serment licite, s'empressa de le rétracter publiquement, et fit imprimer et distribuer par deux fois sa rétractation ainsi conçue :

« Je soussigné, prêtre, supérieur du séminaire de

______

(1) *Hist. du Clergé pendant la Révolution,* par M. Barruel. Londres, 1801, p. 57.

« Saint-Vivien de Rouen, après y avoir mûrement ré-
« fléchi devant Dieu, reconnais aujourd'hui, dans mon
« âme et conscience, que, pour raison de religion, je
« ne pouvais licitement prêter le serment civique
« exigé par l'Assemblée Nationale.

« En conséquence, je m'empresse de déclarer pu-
« bliquement, et pour la seconde fois, que je désa-
« voue et rétracte ceux que j'ai prêtés ci-devant, et
« notamment celui que j'ai prononcé, le seize janvier
« dernier, dans l'église métropolitaine de cette ville.
« Que mon intention a toujours été, comme elle l'est,
« et le sera, Dieu aidant, jusqu'au dernier soupir, de
« demeurer inviolablement attaché à la Foi Catho-
« lique, Apostolique et Romaine, ainsi qu'à mes su-
« périeurs spirituels dans l'ordre hiérarchique. Enfin,
« je déclare que c'est de mon propre mouvement, et
« sans aucune impulsion étrangère, que je fais cette
« présente protestation, désirant ardemment que, le
« plutôt possible, elle devienne aussi publique qu'elle
« puisse l'être, de peur que mon exemple n'en entraîne
« plusieurs dans la fausse démarche dont je m'em-
« presse de sortir.

        « A Rouen, le 25 janvier 1791.

                « *Signé :* P. POTTIER,
    « Supérieur du séminaire de Saint-Vivien de Rouen. »

Après M. Pottier, les ecclésiastiques honorables
qui avaient suivi son exemple, l'imitèrent dans cette
dernière démarche. Le 23 janvier 1791 (1), M. Lehec,
prêtre, écrivait à la municipalité : « L'exemple de
« M. Pottier m'avait beaucoup travaillé ; j'apprends
« qu'il s'est rétracté ; ainsi vous ne trouverez pas

(1) Archives municipales.

« mauvais que je vous prie de regarder ma sou-
« mission comme non avenue et de donner des ordres
« pour que la municipalité ne se présente pas à la
« Ronde de ma part. »

MM. Lermerot, curé de Saint-Paul, Lemaître, curé
de Saint-André-Porte-Cauchoise, Dupré, aumônier
du dépôt de mendicité, Jean l'Hernault, prêtre de la
cathédrale, Chefdeville, vicaire de Saint-Laurent,
Verdière, vicaire de Saint-André-Porte-Cauchoise,
Pierre Loyseau, habitué à Saint-Vivien, Pierre Jolly,
Jean Dupré, François Picquenot, prêtre de Saint-
Godard, envoyèrent quelque temps après leur rétractation motivée. Nous publions ces noms parce qu'ils
ont été déjà reproduits parmi les prêtres qui avaient
prêté le serment dans le travail très consciencieux et
très impartial (1) de M. Gosselin, qui ignorait, sans
doute, qu'ils se fussent personnellement rétractés.
Les chanoines de Rouen imitèrent tous, moins un
seul, l'exemple de leur digne archevêque, et préfé-
rèrent l'exil et la déportation à aucun acte schismatique. Les curés de Rouen, sauf une infime minorité,
se montrèrent inébranlables. Plusieurs d'entre eux
écrivirent à la municipalité, lorsqu'on voulut leur
faire lire en chaire l'instruction relative à la constitution civile du Clergé, des lettres dignes d'être citées :

« Le refus de lire la loy relative à la constitution
« civile du clergé, est une conséquence de la non
« prestation de serment. Dans l'un comme dans l'autre
« cas, ce n'est point esprit de parti, ce n'est point
« orgueil, insurrection ; c'est encore moins, quoiqu'on
« se plaise à le publier, le désir de perpétuer les

(1) *Revue de la Normandie*, janvier 1866.

« troubles qui m'empêche de me rendre à votre invi-
« tation. C'est ma conscience toute seule. C'est le
« danger où je vois la religion.

« C'est en outre, Monsieur, l'amour de la paix qui
« me force en ce moment au plus rigoureux silence ;
« c'est pour ne pas être dans la cruelle nécessité de
« commenter cette prétendue instruction ; c'est pour
« ne pas dévoiler les faussetés, les sophismes, les er-
« reurs qu'elle renferme.

« 18 février 1791. « DEZAUNÉE,
« Curé de Saint-Eloy. »

« Les motifs de conscience qui nous ont empeschés
« de prester le serment sur la constitution civile du
« clergé, ne nous permettent pas de faire la lecture
« de l'instruction que vous nous avez envoyée.

« LEHOT,
« Curé de Saint-Sauveur. »

« L'Eglise est l'assemblée des fidèles gouvernés par
« N. S. P. le Pape et par les Evêques. Pendant
« quarante-quatre ans voilà ce que j'ai enseigné dans
« les différentes paroisses où j'ai exercé mon ministère
« dans cette ville. Cette vérité ne pouvant s'accorder
« avec votre instruction civile, Monsieur le vicaire
« et moi ne pouvons nous décider à en faire la
« lecture.

« LE BAILLIF,
« Curé de Sainte-Marie. »

Enfin, il n'est pas besoin de l'apprendre à M. de la
Quérière, douze cent cinquante-sept prêtres furent
détenus et déportés pour être restés fidèles à leur
devoir. De ces dignes confesseurs, vingt-cinq environ
moururent dans les prisons de Rouen, soixante-dix
sur les pontons de la République, et quelques-uns sur

l'échafaud à Paris. Quatre cent vingt-sept religieuses subirent également dans le couvent dè Sainte-Marie, converti en maison d'arrêt, une dure captivité.

Voilà des faits qui parlent plus haut que toutes les insinuations malveillantes de l'esprit de parti.

Quant au serment de maintenir la liberté et l'égalité qu'on voudrait faire passer pour un serment politique, légal et raisonnable, nous n'en dirons qu'un mot. Ce serment a été imposé après les journées les plus sanglantes de la Révolution, l'émeute du 20 juin et les scènes sauvages du 10 août 1792. Au 20 juin, les hordes conduites par le boucher Le Gendre, vociféraient aux oreilles de Louis XVI impassible : « Point « de veto ! Sanctionnez les décrets ! Chassez les « prêtres ! » Après le 10 août, on préparait le massacre des Carmes, la loi des suspects, l'installation du tribunal révolutionnaire extraordinaire, où on jugeait sommairement, sans jury et sans témoins, enfin, la guillotine ; voilà l'égalité, voilà la liberté qu'on faisait jurer aux prêtres de maintenir ! Et vous voulez qu'ils prêtassent un pareil serment ? Autant que vous nous aimons la liberté et l'égalité, dont le Christianisme a apporté aux peuples la notion, l'amour et les bienfaits ; mais, de grâce, ne les commettez pas avec l'ignoble parodie qui en fut donnée au monde en 1792 et en 1793.

III.

Il est plusieurs points cependant où je suis heureux de me rencontrer avec mon docte et vénérable contradicteur. Nous rendons tous deux hommage à l'attitude de la population rouennaise pendant les mauvais

jours de l'ère révolutionnaire. Je puis toutefois revendiquer la priorité dans l'expression de ces sentiments. J'écrivais en tête de mon ouvrage :

« La Terreur, qui couvrit la France de ruines et de
« sang fit peu de victimes à Rouen. En ces jours où le
« vertige s'empara des multitudes, l'antique sapience
« et la modération normandes furent plus fortes en
« quelque sorte que les événements. Si elles ne pré-
« servèrent pas notre ville des scandales et des folies
« qui ont marqué si tristement l'année 1793, du moins
« elles les rendirent moins fréquents et surtout moins
« sanglants qu'ailleurs. En dehors de cette minorité
« remuante et emportée qui entraînait le peuple
« aux plus coupables excès, il y avait à Rouen un
« grand nombre de citoyens calmes, sensés, mais
« timides, qui gémissaient sur le malheur des temps,
« et souhaitaient ardemment des jours meilleurs.
« Les administrateurs participaient eux-mêmes, en
« une certaine mesure, à ces sentiments ; plusieurs
« fois, ils furent repris vivement par la Convention,
« qui les accusait de trop de faiblesse et de tolérance.
« C'est ce qui explique comment l'échafaud, qui était
« en permanence dans la plupart des grandes villes
« de France, fut dressé si rarement à Rouen. Il le
« fut néanmoins ; et c'est un devoir pour nous de
« conserver le souvenir des victimes qui y montèrent.
« Nous citerons parmi elles un noble cœur, un géné-
« reux apôtre, M. Michel-Georges-François d'An-
« fernet de Bures, prêtre, chapelain de Mme de Vai-
« gnon de Mortemer, au château de Roumare, mort
« à Rouen pour la foi, le 7 septembre 1794 (21
« fructidor an 11.) »

M. de la Quériére prend la substance et l'ordre même de mes idées et commence ainsi sa brochure :

« Pendant la tourmente révolutionnaire, la ville
« de Rouen, par une heureuse exception, ne fut point
« affligée par les scènes déplorables qui ensanglan-
« tèrent la plupart des grandes villes de France. Gràce
« à la sagesse de sa population et à l'esprit de modé-
« ration qui animait les autorités qui la gouvernèrent
« à cette époque difficile, elle sut rester pure de tout
« excès. Une seule fois l'échafaud politique se dressa
« dans ses murs et voici à quelle occasion : »

Plus loin, M. de la Quérière cependant ne craint pas de dire que j'attaque l'honneur de la population rouennaise (1). Le lecteur jugera de la valeur morale de cette accusation. Il prétend me faire trouver en contradiction avec moi-même, parce que dans le compterendu de la cérémonie expiatoire de Roumare, je dis :

« **Compar**ez le cortége qui l'accompagnait à l'écha-
« faud le 7 septembre 1794, la plèbe sanguinaire, les
« roulements sinistres du tambour, les hurlements du
« *Ç'a ira*, avec la pompe qui escortait le 7 septembre
« 1865, sa pierre mouillée de larmes et couverte de
« fleurs. » La plèbe sanguinaire dont je parle, qui chantait le *Ç'a ira*, n'est pas la population rouennaise, c'est « cette minorité remuante et emportée » qu'on voit surgir de terre à toutes les révolutions et que les évènements de 1848 doivent rappeler à qui sait se souvenir.

J'ai eu soin de dire que « la population était émue et si-
« lencieuse, qu'elle fut attendrie de la mort du bon prêtre
« et qu'elle en conserva longtemps le souvenir (2.) »

(1) Page 27.
(2) Voir notre brochure : *Un Confesseur de la foi.*

M. de la Quérière (1) parle avec émotion de sa noble
mère, femme vertueuse et d'un grand mérite. Je re-
trouve ici son bon cœur et j'applaudis à ses paroles.
J'ose dire, avec toute la respectueuse déférence qu'un
homme de trente ans doit à un vieillard vénérable, que
je puis les répéter après lui. Son éducation a été pieuse
et libérale, je le rencontre sur ce terrain. Si je n'ai
pas eu, comme M. de la Quérière, le bonheur de servir
la messe pendant mon enfance, j'ai connu tout ce que
l'exemple peut avoir d'efficace et de bienfaisant. A un
autre point de vue, mon éducation, quoi qu'il en dis e
(2), n'a pas différé de la sienne. Je n'ai pas été instruit
à tout proscrire dans la Révolution française ; j'ai
compté, dans ma famille, des parents très proches, mon
grand-père et mes deux grands-oncles, qui ont servi
avec distinction dans toutes les campagnes de la République, et qui ont reçu tous trois sur le champ de ba-
taille des armes d'honneur ; l'un d'eux a été décoré plus
tard par l'Empereur, à l'âge de 23 ans. On m'a fait
aimer et admirer les grandes pages de notre histoire
nationale, les élans généreux qui se manifestèrent en
1789 et les bienfaits qu'ils promettaient à notre patrie.
Je répète avec M. de la Quérière que « la nation tout
« entière vit avec joie l'aurore de notre grande Révo-
« lution. Lors des fédérations qui se formèrent en 1790
« dans les principales villes de France, et qui donnèrent
« lieu à des fêtes civiques dignes de l'antiquité, l'enthou-
« siasme fut au comble. » Mais je ne confondrai jamais
dans mes sympathies 1789 et 1793, le réveil puissant
et magnanime des premiers jours de la Révolution avec
les orgies et les crimes de la Terreur ; l'Assemblée

(1) Page 8.
(2) Page 4 et page 23.

nationale avec la Convention. A dater de 1791, la Révolution inaugurant une ère nouvelle par la pres-s'on qu'elle voulut exercer sur les consciences, marcha de fautes en fautes et finit par glisser dans la boue et dans le sang. L'exécution de l'abbé d'Anfernet appartient à cette dernière période, la seule dont j'ai parlé et sur laquelle M. de la Quérière avait à me juger.

Une accusation de l'honorable auteur me tient surtout au cœur. Il me reproche d'avoir parlé avec virulence des hommes qui furent mêlés au procès de M. d'Anfernet. Ce reproche est sans fondement. Je n'ai rien dit des fonctionnaires qui, en ces temps désastreux, surent remplir leur mandat avec humanité. Si j'ai nommé les juges de notre confesseur, c'est qu'il le fallait pour l'authenticité de mes documents. Le nom de M. Cabissol, entr'autres, ne s'est pas rencontré une seule fois sous ma plume dans le cours du récit. Il ne figure qu'aux pièces justificatives.

Nous avons flétri comme elle le mérite, la conduite des régicides Siblot et Sautereau, qui laissèrent à Rouen les plus tristes souvenirs. Nous n'avons rien à retrancher à ce que nous avons dit d'Olivier Le Clerc et du président Le Gendre. Nous avons même tu sur ces deux hommes des détails que M. de la Quérière nous force à révéler aujourd'hui. Déjà, avant nous, dans le récit du procès du vénérable abbé Briche, M. l'abbé Cochet avait raconté les exploits du *farouche* Legendre (1), qui envoya à la guillotine deux femmes inoffensives, coupables d'avoir donné asile au prêtre-martyr, et déporta, pour le

(1) *Galerie Dieppoise*, p. 75.

même objet, des citoyens honorables qui moururent
en route d'épuisement et de souffrances. Tous ceux
qui ont écrit sur la même époque n'ont pas plus dissi-
mulé la vérité. M. Fallue, que M. de la Quérière
n'osera certes pas blâmer, n'a pas imité notre réserve
vis-à-vis des fonctionnaires publics. En parlant des
fureurs insensées (1) des révolutionnaires de cette
époque, il s'exprime ainsi : « Tous ces actes se pas-
« saient sous l'administration du maire Pillon et d'une
« municipalité presque exclusivement dévouée aux
« hommes de sang qui gouvernaient la France. »
Nous renonçons à reproduire ce qui suit. Il faut lire
ces pages instructives pour se faire une juste idée des
hommes que M. de la Quérière veut défendre et que
nous n'avons pas même nommés..

M. Fallue cite un mot d'Olivier Le Clerc qui peint
cet agent de la Terreur. Lorsqu'il s'agit de guillotiner
l'abbé Briche, « comme l'exécuteur versait des larmes
« sur le sort de la victime : Fais ton devoir, lui dit
« Le Clerc, un bourreau ne doit point avoir
« d'âme (2). »

Et ce sont là ces hommes dont on veut aujourd'hui
faire l'apologie ! En vérité, la tâche est étrange autant
qu'audacieuse ! Je recommande à l'attention de M. de
la Quérière la description détaillée que fait M. Fallue
des faits et gestes de nos proconsuls pendant les années 1793 et 1794, lesquels se terminent par le trait
suivant :

« Il était temps (3) que cet évènement (le 9 ther-
« midor), arrivât pour le salut des citoyens entassés

(1) *Histoire de l'Eglise de Rouen*, t. iv, p. 438, 439 et suiv.
(2) E. Fallue, vol. cité, p. 458.
(3) P. 467.

« comme aristocrates à Saint-Yon. Huit jours aupa-
« ravant, les membres du Comité de Salut public (1)
« avaient décidé, dans une séance de nuit, *le mas-*
« *sacre général de tous ces détenus.* De grandes
« fosses étaient préparées, et deux cents cercueils en-
« duits de goudron avaient été commandés pour rece-
« voir leurs cadavres. Le drame de Paris déconcerta
« ces féroces exécuteurs. Les cercueils n'en furent
« pas moins faits et transportés dans les bâtiments de
« la Cour d'appel, puis après, brûlés dans le jardin,
« car le peuple s'était ému à la vue de ces lugubres
« préparatifs. Ce projet, connu des seuls meneurs de
« la Commune, avait néanmoins transpiré ; les déte-
« nus furent avertis de se tenir sur leurs gardes ; une
« fausse patrouille se présenta devant Saint-Yon, et
« l'on ne sait ce qui serait arrivé si le geolier n'eût re-
« fusé de lui en ouvrir les portes. »

L'histoire a des révélations vengeresses, et nous ne
voulons, Monsieur, pour votre édification, ne vous
prier que de lire celle-ci. Nous vous épargnerons
les pages publiées dans le temps par la *Gazette de
Normandie*, et signées des noms les plus honorables
de notre province.

Toutefois, puisque vous avez trouvé bon de me
faire un procès de calomnie, je veux mettre sous vos
yeux un dernier document, *juridique,* sur Le Clerc
et Le Gendre.

Leclerc et Legendre, que vous représentez comme
désolés d'appliquer la loi dans toute sa rigueur,
mirent tellement peu de modération dans l'exercice de
leurs fonctions, qu'on leur reprocha dès l'an III, dans

(1) Il s'agit ici d'un comité siégeant à Rouen.

un acte officiel signé Aumont (acte du 27 ventôse ren-
fermé dans un arrêté du représentant du peuple Sautereau), d'avoir jugé sans l'assistance d'un juré et sans
déclaration d'aucun témoin, et l'on déclarait de nul
effet une sentence rendue par eux. En effet, à Dieppe
pour l'abbé Briche, comme à Rouen pour l'abbé
d'Anfernet, pas de jury ni de témoins. Olivier Leclerc
accuse, Legendre son ami et son compagnon pro-
nonce. Cela se passait, comme on voit, en famille. Les
personnes qu'on cite à la barre viennent témoigner de
l'identité de l'accusé ; pas d'enquêtes sur les faits, pas
de défense judiciaire; la condamnation et l'exécution en
quelques heures. Et l'on appelle cela rendre la justice !

Cette justice sommaire coûtait cependant très cher
à la nation, et nos deux personnages y procédaient
joyeusement. Pendant les trente-quatre jours qu'ils
séjournèrent à Dieppe pour juger les seize personnes
comprises dans l'affaire de l'abbé Briche, ils dépen-
sèrent à *quatre,* pour leurs frais d'hôtel, la somme
énorme de SIX MILLE LIVRES SEPT CENT QUATRE FRANCS
DOUZE SOLS. Nous avons pris la peine de suivre jour
par jour la dépense sur le mémoire détaillé qui a été
présenté à Legendre, et par lui au district. Cette pièce
capitale existe encore aujourd'hui et est intacte. Donc,
tandis que le peuple mourait de faim à Paris, qu'à
Rouen la municipalité ne savait comment faire pour
trouver du blé et donner du pain aux affamés, que les
volontaires combattaient pieds nus et presque sans
vivres à la frontière, les hommes qui se vantaient le
plus de *civisme, de dévoûment à la chose publique,
de désintéressement antique,* dépensaient à quatre,
pour leur table, six mille livres en un mois !

Ce compte nous révèle des détails odieux. Ici la vérité doit être inflexible comme les chiffres !

Le 2 floréal, le jour où l'abbé Briche, Marie Cauchoise et Françoise Cartier furent condamnés à mort, et MM. Vasse, Thoumyre et Mme Houllevigue à la déportation, le dîner de Legendre et de ses trois compagnons fut plus copieux et plus splendide que jamais.

Il se monta à cent cinq livres, on y consomma quatorze bouteilles de vin. et le matin, les frais de liquide s'étaient montés à près de cinquante livres. (1)

Telle est la dépense que firent, à l'hôtel et à l'au-

---

(1) En voici le détail :

Soupe et bouilli.	6 livres.
Omelette	3
Pain.	2
4 bouteilles de vin	8
6 bouteilles de vin ordinaire.	12
4 bouteilles de grand Bourgogne. .	12
Petit-salé à la purée.	6
Veau à l'oseille.	6
Rognons de veau	10
Riz	4
Asperges	5
Salades	3
Barbeaux	6
Tourte d'entremets.	8
Friture de soles et carrelets	10
Dessert	4 10

Et veut-on savoir quel avait été le déjeuner qui précéda un pareil dîner? Voici le menu tel que nous le révèlent les comptes au 2 floréal :

DÉJEUNER.—Pain et raves.	1 l.	10
5 bouteilles de vin	10	
Grand Bourgogne	3	
Café.	3	12
1 bouteille de vin grand Bourgogne	5	
Thé pour le président.	2	
Pain	»	10
2 bouteilles de vin	4	
Café.	2	
1 bouteille et demie de liqueur. . .	12	
1 bouteille de vin.	2	
Pain et fromage	1	10
Pour le président, café	1	5

dience, le jour du jugement, nos quatre personnages.
Les domestiques étaient servis à part et fort modeste-
ment, au nom de l'égalité. Leur dépense ne dépassait
pas 3 livres par jour. (1)

A Tôtes, où ils ne séjournèrent qu'un jour, ils dé-
pensèrent à l'hôtel cent seize livres. M. de la Quérière
peut demander à voir ces curieux documents au
savant et aimable archiviste de la Cour ; il y trouvera
certains détails plus tristes encore que nous passons
sous silence.

J'arrive au fait de *Tartuffe*. On joua, le jour de
la mort de l'abbé d'Anfernet, sur le théâtre principal,
la célèbre comédie de Molière. Le lendemain, elle
disparaissait de l'affiche pour n'y plus reparaître de
longtemps. J'ai dit que cette pièce fut jouée par ordre,
je le maintiens. Mes notes sont fidèles et très exactes.
Je n'ai pas copié le document sur lequel j'ai pris ce
détail, mais je suis sûr de la substance. Depuis six
ans que je dépouille les archives sur la Révolution,
je transcris les pièces de quelqu'importance, mais je
ne puis prendre des autres que l'ensemble. On com-
prend qu'il seraitimpossible de tout copier. Toutefois, je promets à M. de la Quérière de rechercher
mon document et de lui en donner un exemplaire. Ce
fait de *Tartuffe* n'était d'ailleurs pas nouveau. En
chaque circonstance, les révolutionnaires s'empres-

(1) Après le diner venait le souper. Nous avons pris au hasard.
Le six germinal, voici le menu du souper :

Truite.	18 livres.
Riz.	3
Dinde.	24
Pain.	2
Dessert.	3
2 bouteilles de vin	4
1/2 bouteille de vin.	1
6 bouteilles de vin	12

saient d'ajouter l'insulte à l'iniquité. En 1792, au moment où l'on chassait de leurs pais'bles retraites les religieuses qui avaient préféré presque unanimement (on compte à peine vingt exceptions sur près de cinq cents femmes) la vie du cloître à la liberté, on voulut les couvrir de ridicule et d'infamie en jouant des pièces telles que *les Visitandines, les Dragons et les Bénédictines, les Victimes cloîtrées.*

Les mémoires du temps constatent (1) qu'un tumulte affreux accueillait parfois ces obscènes et indécentes exhibitions. Et comme pendant, on donnait en d'autres jours : *Les Capucins à la frontière ; Il n'y a plus de prêtres ; Le Curé d'Yvetot*, et autres pitoyables parodies de ce genre.

Je n'insiste pas, je crois avoir répondu aux points principaux de la brochure de M. de la Quérière. Je ne veux pas le suivre dans l'appréciation qu'il fait de la cérémonie de Roumare et du mobile qui l'a inspiré. Si M. de la Quérière croit que « ce fut (2) une occa-« sion *saisie avec empressement* par *certaines* « *personnes* de manifester encore une fois leur anti-« pathie contre les hommes et les choses de la Révo-« lution, antipathie qu'on aurait voulu faire partager « aux populations des campagnes appelées à cette « fête, » qu'il nomme ces personnes, et elles lui ré-si l'on veut croire que le clergé a inspiré cette cérémo-pondront que cette accusation est une calomnie. Et

(1) Le *Journal de Rouen* du mardi 11 décembre dit lui-même à propos d'une de ces pièces : « Nous n'entreprendrons point de caractériser cette pièce, marquée au coin de l'originalité, ni la manière piquante et libre, pour ne pas dire libertine, dans laquelle elle est écrite » et il constate aussi l'agitation qui régnait dans la salle. Année 1792.

(2) Page 28.

nié dans un [illegible] l'[illegible] de parti, on entreprend
une tâche [illegible]

Nous [illegible], [illegible] la cérémonie de Roumare,
nous n'avions [illegible] la prétention de représenter
le clergé ni d'interpréter ses sentiments.

Réunis dans un sentiment de piété, nous ne son-
gions qu'à prendre part à la douce et touchante fête
de famille à laquelle nous avions été conviés.

On a placé une pierre commémorative à l'abbé
d'Anfernet, comme on l'avait fait en avril 1861, à
Martin-Eglise, pour l'abbé Briche, comme M. l'abbé
Cochet l'a fait cent fois pour des hommes dont la mémoire est digne de souvenir, comme on l'a fait sur
tous les points de la France et notamment, dès le premier empire, aux Carmes, pour les prêtres massacrés
dans les journées de septembre.

M. de la Quérière s'étonne de ce que l'on a glorifié
le sacrifice de l'abbé d'Anfernet, et prétend qu'on
n'aurait pas osé l'appeler, il y a soixante ans, confesseur de la foi. M. de la Quérière a raison ; ce n'est
pas confesseur qu'on aurait dit alors, c'est martyr.
On ne craignait pas d'appeler les hommes et les choses
par leur nom. L'abbé Guillon, dès le commencement
de ce siècle, a célébré les prêtres victimes de la Révolution dans un ouvrage mémorable (en quatre vo-
lumes in 8°) intitulé *Les Martyrs de la Révolution*.
M. Barruel, dans son *Histoire du Clergé pendant
la Révol.* [illegible] ne [illegible] pas d'autre nom. Dès
1801, on les [illegible], et j'aurais dû me
servir [illegible]

[illegible] également d'avoir eu à
[illegible] de la [illegible] mais je

me console en pensant que sa brochure contre l'abbé d'Anfernet n'est nullement nécessaire à sa légitime renommée de savant et d'homme de bien. M. de la Quérière a parcouru une longue et belle carrière, marquée par des œuvres durables et des services distingués. Il est plusieurs de ses travaux qui font autorité et qu'on ne refera plus après lui ; entr'autres, son *Histoire de l'Hôtel-de-Ville,* sa *Description historique des Maisons de Rouen,* ses Notices archéologiques sur quelques-unes de nos anciennes églises. Nous n'éprouvons pour lui que des sentiments de respect. Mais nous avions à cœur de dégager du nom pur et sans tache de l'abbé d'Anfernet, les insinuations malveillantes par lesquels on a voulu amoindrir sa noble mort. Quel que soit le sort de cette discussion, quelles que puissent être les passions qui s'agitent autour de notre martyr, nous savons que rien n'est capable d'altérer la douce auréole qui entoure son front ; rien ne peut troubler la paix de son tombeau. Michel-Georges-François d'Anfernet de Bures, prêtre catholique, est mort pour la foi. Il a confessé dans son sang l'Evangile dont il était l'apôtre. Il est le fils et le frère des premiers martyrs. C'est à lui aussi que le Sauveur a dit : *Beati estis cum maledixerint vobis, et persecuti vos fuerint, et dixerint omne malum adversum vos…. gaudete est exultate quoniam merces vestra copiosa et in cœlis.*

Cette parole fera son éternelle gloire, comme elle est notre suprême consolation.

L'abbé JULIEN LOTH.

Rouen.—Imp. E. Cagniard.

www.ingramcontent.com/pod-product-compliance
Lightning Source LLC
Chambersburg PA
CBHW051734050726
47598CB00003B/1181